AF562710

APPELLE
A LA JUSTICE
NATIONALE.

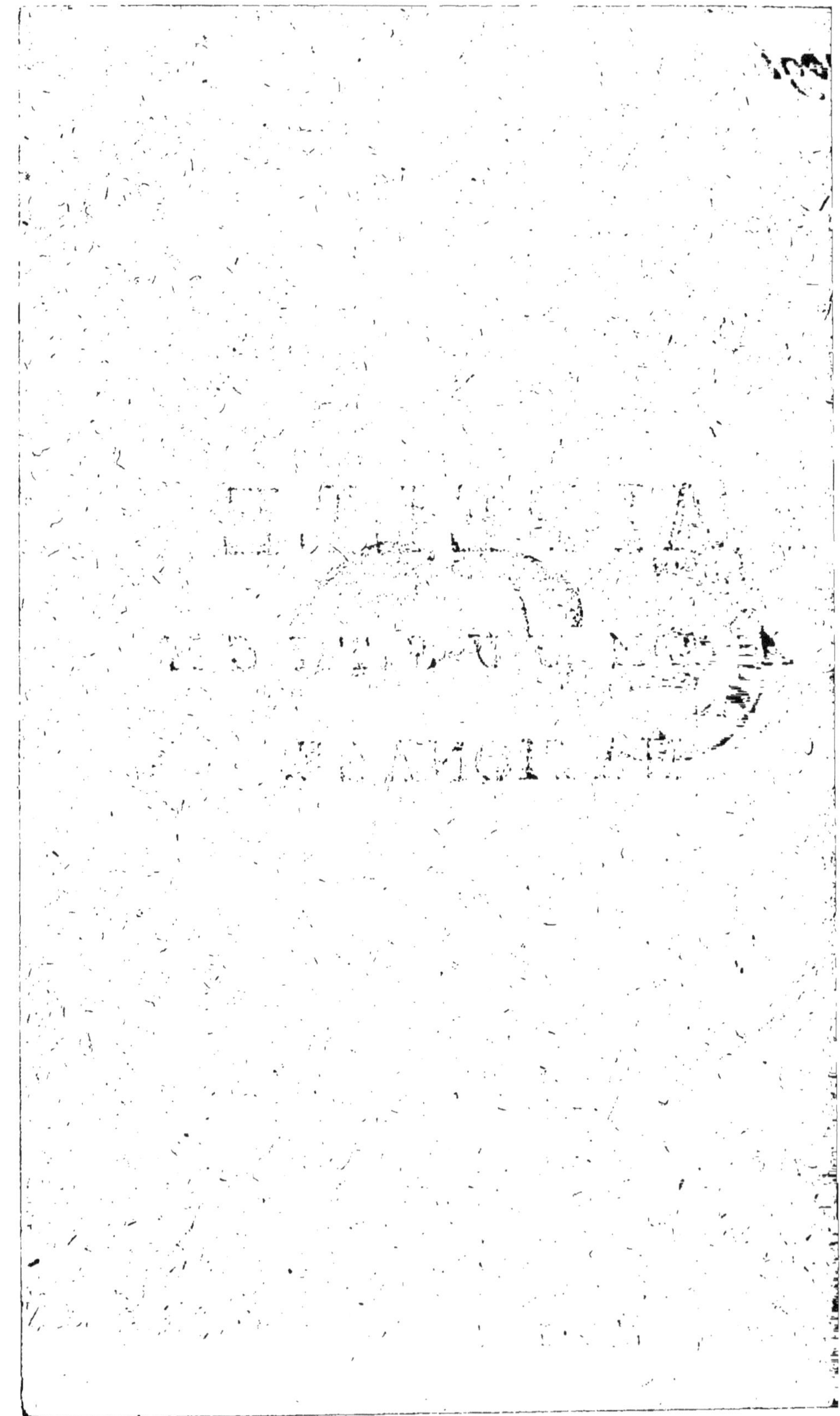

LIBERTÉ. ÉGALITÉ.

APPELLE

A LA JUSTICE NATIONALE.

CITOYENS LÉGISLATEURS,

Vous avez décrété le 21 pluviose l'impression du rapport fait par le citoyen Bernier, organe du comité de législation, et l'ajournement à trois jours de la discussion sur le renvoi au tribunal criminel d'Angers, département de Mayenne et Loire, du comité révolutionnaire de Nantes, déjà jugé et acquitté par le tribunal révolutionnaire de Paris. Cette sage mesure fait pâlir les terroristes, et les ennemis de la justice, toujours prêts à sapper la liberté dans ses fondemens, en avilissant la représentation nationale par des sarcasmes infâmes, et dignes de buveurs de sang, d'hommes qui ne croyent à la justice et à la liberté qu'en les voyant dégoûtantes de sang, et la tête couverte d'un crêpe funèbre. Ces croassemens ne vous arrêteront sans doute pas dans la marche ferme et juste que vous vous êtes tracés pour assurer à jamais le bonheur de la République Française.

Je vous dois quelques observations que la multiplicité des affaires du gouvernement et l'alibi ne vous ont pas permis d'analiser, et que vous pourrez faire valoir à l'époque de l'ajournement.

D'abord l'opinion publique (*vox populi*) n'avoit désignée que douze coupables qui furent envoyés au tribunal révolutionnaire de Paris, par les représentans du peuple Bourbotte et Bô.

L'accusateur public de ce tribunal lança un mandat d'arrêt contre Mainguet, reconnu innocent par les représentans en missions Bourbotte et Bô, et fut amené de Nantes à Paris par deux huissiers, et écroué à la Conciergerie. Il forma le treizième qui entra en jugement avec les douze autres, le 25 vendémiaire.

Par suite de l'instruction du procès, une foule de témoin devinrent accusés, et furent rangés avec les autres. Ici commencent mes réflexions.

Proust, constamment reconnu pour un homme probe, juste, bon et paisible, pouvoit-il être mis en jugement avec les autres, dont la férocité patriotique tenoit à l'aristocratie la plus prononcée ; pouvoit-il être mis en jugement avec les autres, ayant été forcé d'accepter la plaee de membre de ce comité, sous peine d'être dénoncé à l'antropophage Carrier, et d'être incarcéré ; pouvoit-il être mis eu jugement avec les autres, lorsqu'un arrêté des représentans du peuple Bourbotte et Bô, sur la réclamation des citoyens de Nantes, qui attestoient son humanité, le fit mettre en liberté, attendu que dans le cours de trois décades il n'étoit parvenu aucunes dénonciations contre lui ?

Mainguet pouvoit-il être mis en jugement avec les autres, lui qui jouit à Nantes à-peu-près de la même réputation que Proust, lui qui employa constamment son tems à soustraire à la fureur des mangeurs d'enfans, cinq cents jeunes orphelins des malheureux égarés de la Vendée, en les distribuant dans une infinité de maisons, ainsi qu'il l'a prouvé dans sa déposition, par les nombreux certificats de tous les citoyens à qui il en a donné ? Mainguet pouvoit-il être mis en jugement avec les autres, lui qui avoit pareillement été remis en liberté par les représentans du peuple Bourbotte et Bô, par les mêmes considérations que ci-dessus.

Gautier pouvoit-il être mis en jugement

avec les autres, lui qui fut commandé de service par une autorité supérieure. La force-armée est-elle délibérante ou exécutive ; Le principe est reconnu, et personne n'ignore que la force-armée n'est qu'exécutive. Les loix s'expliquent suffisemment à cet égard, et de témoin il devint accusé. Personne cependant dans tout le cours de la procédure ne lui a rien reproché, au contraire les témoignages les plus satisfaisans et les certificats les plus honorables ont suffisamment éclairé sur sa moralité ; pouvoit-il donc être mis en jugement avec les autres?

Boulay pouvoit-il être mis en jugement avec les autres, lui dont on a ignoré le nom jusqu'à la déclaration du juri. Personne n'a parlé contre dans le nombre des trois cens sept témoins entendus. Pouvoit-il être mis en jugement avec les autres, lui qui n'étoit que simple soldat, commandé de service ce jour là, et qui par-dessus tout ne ne sait ni lire ni écrire.

Enfin, Guillet pouvoit-il être mis en jugement avec les autres, lui qui jouit à Nantes d'une bonne réputation et de l'estime de ses concitoyens, dont tout le crime est d'avoir été membre du comité révolutionnaire l'espace de deux mois, et qui par le degré de parenté entre lui et Louis Naud, son beau-frère, obtint sa démission aux termes de la loi. Pouvoit-il être mis en jugement avec les autres, lui à qui dans le cours de la procédure on n'a pu même reprocher une erreur.

Il ne m'appartient pas, citoyens Législateurs, de décider affirmativement ou négativement sur les questions que j'ai posés, relativement aux infortunés dont j'ai pris la défense. C'est dans vos cœurs et dans la loyauté française que ces décisions prendront leurs cours. Il me suffira de vous dire qu'ils sont tous père de famille, chargés d'enfans, qu'ils gémissent depuis quatre mois dans les fers, éloignés de leurs femmes, de leurs enfans, de leur commerce, et à qui tous moyens d'existences vont cessés, s'ils sont plus long-tems privés de leur liberté. Les hommes qui n'ont été qu'égarés ou comprimés par la terreur, subiront-ils les mêmes peines que ceux qui les ont égarés et comprimés ? Non, vous ne le pensez pas ! Vous l'avez sagement déclaré à la République entière. Guerre aux hommes de sang, avez-vous dit, et indulgence pour ceux qui ne sont qu'égarés.

Mais, citoyens Législateurs, si vous renvoyez à Angers, au tribunal criminel de ce département, ceux désignés dans l'acte d'accusation, votre intention n'est pas, sans doute, d'y renvoyer aussi de malheureux témoins devenus accusés. Les débats ont suffisamment prouvés qu'ils ne sont qu'égarés, et qu'ils ne sont point coupables des crimes imputés aux douze accusés dénommés en l'acte d'accusation, qu'ils ne sont souillés d'aucuns crimes, que leurs mains et leurs cœurs ne sont point teints du sang de leurs frères. Or, le projet de décret que vous vous proposez, basé sur votre constante et invariable justice, ne peut envelopper tous les témoins assignés, devenus accusés. Vous ne voudrez pas traîner de prison en prison, de tribunal en tribunal, des hommes dont les constans services pour la chose publique, et leur humanité ont rendu recommandable, même dans le cours de la procédure qui eut lieu au tribunal révolutionnaire.

Ces infortunés se trouveroient subir trois jugemens, si vous les renvoyez à Angers. D'abord à Nantes il ont subi le terrible et invariable jugement du peuple ; et c'est à ce premier jugement que Proust, Mainguet et Guillet ont dû leur liberté.

Ce creuzet épuratoire sembloit les préserver de tout autre jugement, puisqu'il est prouvé jusqu'à l'évidence, qu'ils n'ont participé en rien aux actes arbitraires qui ont été commises par les principaux, sinon quelques signatures qui leur ont été arrachés par foiblesse ou par terreur, et que le reste de leur gestion est marqué au coin de la probité, de l'équité et de la plus constante humanité.

Il vous reste actuellement, citoyens Législateurs, à statuer sur la réclamation que je forme. On vous dira sans doute, on ne peut renvoyer les témoins devenus accusés, sans toucher au fond de l'affaire ? Je réponds à cela que c'est un sophisme politique ; car si le principe a été violé par le tribunal révolutionnaire, suprême par son institution, les Législateurs anullent le jugement, et renvoyent les premiers prévenus en l'acte d'accusation pardevant un autre tribunal, dès-lors les témoins devenus accusés sont libres, sauf à se représenter encore comme témoin; en outre l'amalgame est prouvé. On a rangé au nombre des accusés une infinité de témoins qui n'ont été que des êtres absolument passifs, et qui n'ont agi que parce qu'ils étoient commandés, et que sous le régime oppressif qui existoit, ils n'étoient pas maîtres de refuser d'obéir. Un père de famille chargé de dix enfans plus ou moins, ne sait pas mourir quand sa mort ne peut procurer la liberté à son pays. Sa mort devient inutile à la chose publique, quand la résistance à l'oppression n'est pas générale, dès-lors il est lui-même l'assassin de sa famille. On me dira peut-être s'il n'y avoit point d'esclaves, il n'y auroit pas de tyrans et d'oppresseurs de leurs pays. Cela est vrai, mais je réponds que quand le tyran s'est entouré de toute la force des loix, et comprimer ceux qui co-opèrent avec lui à la formation de la loi, dès-lors l'homme qu'on traite d'esclave, n'est plus qu'un homme égaré et comprimé, à qui l'obéissance est la seule ressource, jusqu'à ce que ceux que nous avons nommés pour nous représenter écrasent le tyran (1), l'insurrection devient alors générole, et l'on s'apperçoit qu'il n'y avoit pas d'esclaves, mais des hommes comprimés qui deviennent terribles dans leur réveil.

D'après ce raisonnement que je crois fondé sur les droits sacrés de la nature, est la déclaration des droits de l'homme et du citoyen, que nous avons solanellement jurés de maintenir ; je demande qne, s'il y a lieu au renvoi pardevant le tribunal criminel du département de Mayenne et Loire, les témoins, devenus accusés, fussent mis en liberté, à l'exception de ceux que des crimes particuliers ont fait mettre en jugement.

Je suis d'autant mieux fondé dans ma demande, que votre décret du 28 frimaire porte, en dernière analyse : « La Convention nationale charge son comité de sûreté générale, de s'assurer des personnes de Goulin, Chaux, Bachelier, Perrochaux, Mainguet, l'Evêque, Louis Naud, Chartier, Ducou, Coron, Boufly, Boulay, Gautier, Guillet, Crépin, Richard, Foucault, Osolivan, Robin, Lefaire, Macé,

---

(1) Révolution du 9 thermidor,

» d'Héron et Proust, qui resteront en état » d'arrestation provisoire jusqu'au rap» port ».

En conséquence, et d'après toutes ces considérations, je demande que Proust, Mainguet, Gautier, Boulay, Guillet, René Naud, Chartier, soient mis en liberté, et que l'arrestation provisoire cesse à leur égard, par l'effet du renvoi au tribunal criminel d'Angers, des douze présumés coupables dans l'acte d'accusation.

Au surplus, citoyens Législateurs, je demande l'exécution de votre décret du 26 pluviose, présent mois, qui dit en substance, que nul jugement ne sera anullé, sans que les parties adverses soient entendus contradictoirement au comité de législation.

CRESSEND,

Défenseur officieux.

De l'Imp. de CHAMPON, Cloître Merry, N°. 466.

www.ingramcontent.com/pod-product-compliance
Lightning Source LLC
LaVergne TN
LVHW010330230826
846091LV00009B/3806

9782019236113